La galleta navideña

libro de cocina

un libro de cocina de galletas navideñas para crear recuerdos

Todos los derechos reservados

Este libro tiene protección de derechos de autor. Puede utilizar el libro para fines personales. No debe ver, usar, alterar, distribuir, citar, tomar extractos ni parafrasear total o parcialmente el material contenido en este libro sin obtener primero el permiso del autor.

Introducción

Bienvenido a un mundo donde la alegría de la temporada navideña se puede encontrar en cada sabor de una galleta recién horneada y medirse en las deliciosas fragancias que emanan de la cocina. Estás invitado a emprender una alegre aventura impregnada del dulce misticismo de las fiestas gracias a "El libro de cocina de galletas navideñas".

En estas páginas encontrará una encantadora selección de recetas probadas y verdaderas, cada una cuidadosamente creada para infundir a su casa el espíritu navideño. Este libro de cocina es un tesoro escondido de delicias deliciosas, desde tradicionales galletas de azúcar decoradas con glaseado navideño hasta deliciosas obras maestras de chocolate y maravillas especiadas que capturan las fragancias de la temporada.

"El libro de cocina de galletas navideñas" es su compañero para crear recuerdos felices, divertidos y deliciosos, ya sea que sea un panadero experto o esté comenzando su viaje culinario. Prepárate para compartir la alegría de la Navidad con las personas que quieres y llenar tu hogar con el reconfortante aroma de las galletas recién horneadas.

Que estos platos se conviertan en un elemento básico de sus costumbres navideñas, realcen sus festividades y pongan una sonrisa en los rostros de sus seres queridos. ¡Feliz Navidad por encima de todo y feliz repostería!

Saborea la temporada: una colección de galletas navideñas

Galletas De Avena Heladas

Ingredientes:
Para las galletas:
1 taza de mantequilla sin sal, ablandada
1 taza de azúcar granulada
2 huevos grandes
1 cucharadita de extracto de vainilla
1½ tazas de avena pasada de moda
1½ tazas de harina para todo uso
1 cucharadita de bicarbonato de sodio
1 cucharadita de canela molida ½ cucharadita de sal Para el glaseado:
2 tazas de azúcar en polvo
3 cucharadas de leche
1 cucharadita de extracto de vainilla

Instrucciones:

Precalienta tu horno a 350°F (175°C). Forre las bandejas para hornear con papel pergamino.
En un tazón grande, mezcle la mantequilla ablandada y el azúcar granulada hasta que esté suave y esponjosa.
Agregue los ingredientes húmedos:
Batir los huevos uno a la vez y luego agregar el extracto de vainilla. Mezclar bien.
En un recipiente aparte, mezcle la avena, la harina, el bicarbonato de sodio, la canela y la sal.
Agregue gradualmente los ingredientes secos a los ingredientes húmedos, mezclando hasta que estén combinados. No haga sobre mezcla.
Deje caer cucharadas redondeadas de masa sobre las bandejas para hornear preparadas, espaciándolas aproximadamente a 2 pulgadas de distancia. Aplana ligeramente cada galleta con el dorso de una cuchara.
Hornea en el horno precalentado durante 10-12 minutos o hasta que los bordes estén dorados. Deje que las galletas se enfríen en las bandejas para hornear durante unos minutos antes de transferirlas a una rejilla para que se enfríen por completo.
En un tazón mediano, mezcle el azúcar en polvo, la leche y el extracto de vainilla hasta que quede suave. Ajuste la consistencia agregando más azúcar en polvo para espesar o más leche para obtener un glaseado más fino.
Una vez que las galletas estén completamente frías, rocíe el glaseado sobre cada galleta con una cuchara o una manga pastelera. Deje que el glaseado se asiente antes de servir.
Coloque las hermosas galletas de avena heladas en un plato festivo y disfrute de estas deliciosas delicias con familiares y amigos durante la celebración navideña.
Estas galletas de avena heladas son una combinación perfecta de avena masticable y glaseado dulce, lo que las convierte en una maravillosa adición a su repertorio de galletas navideñas.

Galletas De Azúcar De Calabaza

Ingredientes:
Para las galletas:
1 taza de mantequilla sin sal, ablandada
1 taza de azúcar granulada
1 taza de puré de calabaza enlatado
1 huevo grande
1 cucharadita de extracto de vainilla
3½ tazas de harina para todo uso
2 cucharaditas de polvo de hornear
1 cucharadita de bicarbonato de sodio
½ cucharadita de sal
1 cucharadita de canela molida
½ cucharadita de nuez moscada molida
Para el glaseado:
2 tazas de azúcar en polvo
3 cucharadas de mantequilla sin sal, ablandada
2 cucharadas de leche
1 cucharadita de extracto de vainilla
Colorante alimentario (opcional)

Instrucciones:

Precalienta tu horno a 350°F (175°C). Forre las bandejas para hornear con papel pergamino.

En un tazón grande, mezcle la mantequilla ablandada y el azúcar granulada hasta que esté suave y esponjosa.

Agrega el puré de calabaza, el huevo y el extracto de vainilla hasta que estén bien combinados.

En un recipiente aparte, mezcle la harina, el polvo para hornear, el bicarbonato de sodio, la sal, la canela y la nuez moscada.

Agrega poco a poco los ingredientes secos a los ingredientes húmedos, mezclando hasta que se forme una masa suave.

Envuelva la masa de galletas en film transparente y enfríe en el refrigerador durante al menos 1 hora.

Sobre una superficie enharinada, extienda la masa fría hasta que tenga un grosor de aproximadamente 1/4 de pulgada.

Utilice cortadores de galletas festivos para recortar formas y colocarlas en las bandejas para hornear preparadas.

Hornea en el horno precalentado durante 10-12 minutos o hasta que los bordes estén ligeramente dorados. Deje que las galletas se enfríen en las bandejas para hornear durante unos minutos antes de transferirlas a una rejilla para que se enfríen por completo.

En un tazón mediano, bata el azúcar en polvo, la mantequilla blanda, la leche y el extracto de vainilla hasta que quede suave. Si lo desea, agregue colorante alimentario para lograr un tono festivo.

Escarcha las galletas:

Una vez que las galletas estén completamente frías, esparza o coloque el glaseado sobre cada galleta. Deje que el glaseado se asiente antes de servir.

Coloque las galletas de calabaza y azúcar en una fuente navideña y comparta estas deliciosas delicias con sus seres queridos durante sus festividades navideñas.

Galletas con chispas de chocolate y mantequilla de maní

Ingredientes:
1/2 taza de mantequilla sin sal, ablandada
1/2 taza de mantequilla de maní cremosa
1/2 taza de azúcar granulada
1/2 taza de azúcar moreno envasada
1 huevo grande
1 cucharadita de extracto de vainilla
1 1/4 tazas de harina para todo uso
1/2 cucharadita de bicarbonato de sodio
1/4 cucharadita de sal
1 taza de chispas de chocolate (chocolate semidulce o con leche)

Instrucciones:
Precalienta tu horno a 350°F (175°C). Forre las bandejas para hornear con papel pergamino.
Crema de mantequilla, mantequilla de maní y azúcares:
En un tazón grande, mezcle la mantequilla ablandada, la mantequilla de maní, el azúcar granulada y el azúcar morena hasta que quede suave y esponjosa.
Batir el huevo y el extracto de vainilla hasta que estén bien combinados.
En un recipiente aparte, mezcle la harina, el bicarbonato de sodio y la sal.
Agregue gradualmente los ingredientes secos a los ingredientes húmedos, mezclando hasta que estén combinados. Tenga cuidado de no mezclar demasiado.
Incorpora suavemente las chispas de chocolate hasta que se distribuyan uniformemente por toda la masa para galletas.
Deje caer cucharadas redondeadas de masa sobre las bandejas para hornear preparadas, espaciándolas aproximadamente a 2 pulgadas de distancia.
Hornea en el horno precalentado durante 10-12 minutos o hasta que los bordes estén dorados. Los centros pueden parecer un poco poco cocidos, pero se endurecerán a medida que se enfríen.
Deje que las galletas se enfríen en las bandejas para hornear durante unos minutos antes de transferirlas a una rejilla para que se enfríen por completo.
Una vez enfriadas, sirve estas deliciosas galletas con chispas de chocolate y mantequilla de maní con un vaso de leche o tu bebida favorita.

Galletas de molinete

Ingredientes:
Para la masa de vainilla:
taza de mantequilla sin sal, ablandada
1 taza de azúcar granulada
1 huevo grande
1 cucharadita de extracto de vainilla
2 1/2 tazas de harina para todo uso
1/2 cucharadita de polvo para hornear
1/4 cucharadita de sal
Para la masa de chocolate:
1 taza de mantequilla sin sal, ablandada
1 taza de azúcar granulada
1 huevo grande
1 cucharadita de extracto de vainilla
2 1/4 tazas de harina para todo uso
1/4 taza de cacao en polvo sin azúcar
1/2 cucharadita de polvo para hornear
1/4 cucharadita de sal

Instrucciones:
En un tazón grande, mezcle la mantequilla ablandada y el azúcar granulada hasta que esté suave y esponjosa.
Batir el huevo y el extracto de vainilla hasta que estén bien combinados.
En un recipiente aparte, mezcle la harina, el polvo para hornear y la sal.
Agrega poco a poco los ingredientes secos a los ingredientes húmedos, mezclando hasta que se forme una masa suave. Dejar de lado.
En otro tazón, mezcle la mantequilla ablandada y el azúcar granulada hasta que esté suave y esponjosa.
Batir el huevo y el extracto de vainilla hasta que estén bien combinados.
En un recipiente aparte, mezcle la harina, el cacao en polvo, el polvo para hornear y la sal.
Agrega poco a poco los ingredientes secos a los ingredientes húmedos, mezclando hasta que se forme una masa suave de chocolate.
Divide cada masa en dos partes iguales, creando dos porciones de vainilla y dos de chocolate.
Extienda una porción de masa de vainilla formando un rectángulo sobre una superficie ligeramente enharinada.
Extienda una porción de masa de chocolate hasta formar un rectángulo del mismo tamaño.
Coloque con cuidado el rectángulo de chocolate encima del rectángulo de vainilla.
Enrolle la masa combinada formando un tronco, comenzando por el borde largo. Repita con las porciones de masa restantes.
Envuelva los troncos en papel film y refrigere durante al menos 2 horas o hasta que estén firmes.
Precalienta tu horno a 350°F (175°C). Forre las bandejas para hornear con papel pergamino.
Corte los troncos de masa fríos en rodajas de 1/4 de pulgada y colóquelos en las bandejas para hornear preparadas.
Hornee durante 10-12 minutos o hasta que los bordes estén firmes y ligeramente dorados.
Deje que las galletas se enfríen en las bandejas para hornear durante unos minutos antes de transferirlas a una rejilla para que se enfríen por completo.

Galletas de bolas de nieve

Ingredientes:
1 taza de mantequilla sin sal, ablandada
1/2 taza de azúcar en polvo, más extra para cubrir
1 cucharadita de extracto de vainilla
2 1/4 tazas de harina para todo uso
1/4 cucharadita de sal
3/4 taza de nueces finamente picadas (las nueces, las pecanas o las almendras funcionan bien)

Instrucciones:

Precalienta tu horno a 400°F (200°C). Forre las bandejas para hornear con papel pergamino.

En un tazón grande, mezcle la mantequilla ablandada y 1/2 taza de azúcar en polvo hasta que esté suave y esponjosa. Agrega el extracto de vainilla y mezcla hasta que esté bien combinado.

En un recipiente aparte, mezcle la harina y la sal. Agrega poco a poco esta mezcla seca a la mezcla de mantequilla, mezclando hasta que se forme una masa suave.

Incorpora las nueces finamente picadas hasta que se distribuyan uniformemente por toda la masa.

Tome pequeñas porciones de masa y enróllelas en bolas de 1 pulgada. Coloca las bolas en las bandejas para hornear preparadas, dejando un poco de espacio entre cada una.

Hornee en el horno precalentado durante unos 10-12 minutos o hasta que la base esté ligeramente dorada. Tenga cuidado de no hornear demasiado.

Deje que las galletas se enfríen en las bandejas para hornear durante unos minutos. Mientras aún estén calientes, enróllelos suavemente en azúcar en polvo hasta que estén bien cubiertos. Coloque las galletas recubiertas sobre una rejilla para que se enfríen por completo.

Una vez que las galletas estén completamente frías, dales otro enrollado suave en azúcar en polvo para asegurar una apariencia nevada.

Coloca las galletas Snowball en un plato festivo y disfruta de estas deliciosas delicias que se derriten en la boca. Son un complemento perfecto para reuniones navideñas o para una noche acogedora junto a la chimenea.

Galletas arcoíris

Ingredientes:
Para las capas de pastel:
1 taza de mantequilla sin sal, ablandada
1 taza de azúcar granulada
4 huevos grandes, separados
1 cucharadita de extracto de vainilla
2 tazas de harina para todo uso
1/2 cucharadita de sal
1/4 cucharadita de extracto de almendras
Colorante alimentario rojo, verde y amarillo Para el relleno:
1 frasco (aproximadamente 12 onzas) de mermelada de albaricoque o de frambuesa
1 cucharada de licor de naranja (opcional)
Para la cobertura de chocolate:
8 onzas de chocolate semidulce, picado
2 cucharadas de mantequilla sin sal

Instrucciones:

Precalienta tu horno a 350°F (175°C). Engrase y forre tres moldes para hornear de 9x9 pulgadas con papel pergamino.

En un tazón grande, mezcle la mantequilla ablandada y el azúcar granulada hasta que esté suave y esponjosa.

Batir las yemas de huevo una a la vez, luego agregar el extracto de vainilla y el extracto de almendras.

En un recipiente aparte, mezcle la harina y la sal. Agregue gradualmente los ingredientes secos a la mezcla de mantequilla, mezclando hasta que estén combinados.

En otro recipiente limpio y seco, bata las claras hasta que se formen picos rígidos. Incorpora suavemente las claras batidas a la masa.

Divide la masa en tres porciones iguales. Deje una porción normal, coloree una porción de rojo y coloree la tercera porción de verde. Mezcla bien los colores.

Extienda cada masa de color en uno de los moldes preparados. Hornee en el horno precalentado durante unos 10-12 minutos o hasta que los bordes estén ligeramente dorados. Tenga cuidado de no hornear demasiado.

Deje que las capas de pastel se enfríen completamente en los moldes.

En una cacerola pequeña, calienta la mermelada de albaricoque (o mermelada de frambuesa) a fuego lento hasta que quede suave. Si lo desea, agregue el licor de naranja. Déjelo enfriar un poco.

Coloque la capa verde sobre un trozo grande de plástico. Extienda la mitad de la mermelada uniformemente sobre la capa verde. Cubra con la capa lisa y extienda el resto de la mermelada. Finalmente, coloque la capa roja encima. Envuelva bien las capas ensambladas en una envoltura de plástico y refrigere durante al menos 4 horas o toda la noche para que cuaje.

En un recipiente resistente al calor colocado sobre agua hirviendo (o en el microondas en intervalos cortos), derrita el chocolate semidulce picado y la mantequilla hasta que quede suave.

Desenvuelva las capas frías y recorte los bordes para crear bordes limpios. Vierte el chocolate derretido sobre la capa superior, distribuyéndolo uniformemente con una espátula.

Deja que el chocolate se asiente. Puedes acelerar el proceso colocando el bizcocho en el frigorífico.

Una vez que el chocolate esté firme, usa un cuchillo afilado para cortar el pastel en pequeños cuadrados o rectángulos. ¡Sirve y disfruta de estas festivas galletas arcoíris!

Estas galletas arcoíris son una deliciosa adición a cualquier postre navideño y ofrecen una explosión de color y sabor en cada bocado.

Galletas de terciopelo rojo

Ingredientes:
Para las galletas:
2 1/4 tazas de harina para todo uso
2 cucharadas de cacao en polvo sin azúcar
1 cucharadita de polvo para hornear
1/2 cucharadita de bicarbonato de sodio
1/2 cucharadita de sal
1/2 taza de mantequilla sin sal, ablandada
1 taza de azúcar granulada
2 huevos grandes
1 cucharadita de extracto de vainilla
1 cucharada de colorante rojo
1 taza de chispas o trozos de chocolate blanco

Para el glaseado de queso crema:
4 onzas de queso crema, ablandado
1/4 taza de mantequilla sin sal, ablandada
2 tazas de azúcar en polvo
1 cucharadita de extracto de vainilla

Instrucciones:

Precalienta tu horno a 350°F (175°C). Forre las bandejas para hornear con papel pergamino.

En un tazón mediano, mezcle la harina, el cacao en polvo, el polvo para hornear, el bicarbonato de sodio y la sal. Dejar de lado.

En un tazón grande, mezcle la mantequilla ablandada y el azúcar granulada hasta que esté suave y esponjosa.

Agrega los huevos y la vainilla:

Batir los huevos uno a la vez, luego agregar el extracto de vainilla y el colorante rojo. Mezclar hasta que el color se distribuya uniformemente.

Agregue gradualmente los ingredientes secos a los ingredientes húmedos, mezclando hasta que estén combinados. Incorpora las chispas o trozos de chocolate blanco.

Con una cuchara o cuchara para galletas, deje caer cucharadas redondeadas de masa en las bandejas para hornear preparadas, dejando espacio entre cada galleta.

Hornee en el horno precalentado durante 10-12 minutos o hasta que los bordes estén firmes. Es posible que los centros todavía estén ligeramente blandos.

Deje que las galletas se enfríen en las bandejas para hornear durante unos minutos antes de transferirlas a una rejilla para que se enfríen por completo.

En un tazón mediano, bata el queso crema ablandado y la mantequilla hasta que quede suave.

Agrega poco a poco el azúcar glass, batiendo bien después de cada adición. Agrega el extracto de vainilla y bate hasta que quede suave y cremoso.

Una vez que las galletas estén completamente frías, unte una cucharada de glaseado de queso crema en el lado plano de una galleta y colóquela con otra.

Coloca las Red Velvet Cookies en un plato y disfruta de estas deliciosas delicias con un vaso de leche o tu bebida favorita.

Galletas con trozos de chocolate y café

Ingredientes:
1 taza de mantequilla sin sal, ablandada
3/4 taza de azúcar granulada
3/4 taza de azúcar morena, envasada
2 huevos grandes
1 cucharadita de extracto de vainilla
2 tazas de harina para todo uso
1 cucharadita de polvo para hornear
1/2 cucharadita de bicarbonato de sodio
1/2 cucharadita de sal
2 cucharadas de café instantáneo granulado o café finamente molido
2 tazas de trozos de chocolate o chocolate amargo picado

Instrucciones:

Precalienta tu horno a 350°F (175°C). Forre las bandejas para hornear con papel pergamino. En un tazón pequeño, disuelva los gránulos de café instantáneo en 1-2 cucharadas de agua caliente. Dejar enfriar.

En un tazón grande, mezcle la mantequilla ablandada, el azúcar granulada y el azúcar moreno hasta que esté suave y esponjoso.

Batir los huevos uno a uno, luego agregar el extracto de vainilla y el café disuelto. Mezclar hasta que esté bien combinado.

En un recipiente aparte, mezcle la harina, el polvo para hornear, el bicarbonato de sodio y la sal.

Agregue gradualmente los ingredientes secos a los ingredientes húmedos, mezclando hasta que estén combinados.

Incorpora suavemente los trozos de chocolate o el chocolate amargo picado hasta que se distribuyan uniformemente por toda la masa.

Deje caer cucharadas redondeadas de masa sobre las bandejas para hornear preparadas, espaciándolas aproximadamente a 2 pulgadas de distancia.

Hornea en el horno precalentado durante 10-12 minutos o hasta que los bordes estén dorados. Los centros pueden parecer un poco poco cocidos, pero se endurecerán a medida que se enfríen.

Deje que las galletas se enfríen en las bandejas para hornear durante unos minutos antes de transferirlas a una rejilla para que se enfríen por completo.

Una vez enfriadas, sirve estas galletas con trozos de café y chocolate con una taza de café o tu bebida favorita.

La combinación de café y chocolate en estas galletas crea un sabor rico y deliciosamente audaz. Disfrute del reconfortante aroma mientras se hornean estas galletas y saboree el delicioso sabor del café y el chocolate en cada bocado.

Galletas de tarta de manzana

Ingredientes:

Para la masa de galletas:
- 2 1/2 tazas de harina para todo uso
- 1 taza de mantequilla sin sal, ablandada
- 1/2 taza de azúcar granulada
- 1/2 taza de azúcar moreno envasada
- 2 huevos grandes
- 1 cucharadita de extracto de vainilla
- 1/2 cucharadita de polvo para hornear
- 1/2 cucharadita de sal

Para el relleno de manzana:
- 2 tazas de manzanas, peladas, sin corazón y finamente picadas (por ejemplo, Granny Smith)
- 1/4 taza de azúcar granulada
- 1/2 cucharadita de canela molida
- 1 cucharada de jugo de limón

Para la cobertura de Streusel:
- 1/2 taza de harina para todo uso
- 1/4 taza de azúcar morena envasada
- 1/4 taza de mantequilla fría sin sal, cortada en cubitos
- 1/2 cucharadita de canela molida

Instrucciones:

En un tazón mediano, combine las manzanas cortadas en cubitos, el azúcar granulada, la canela molida y el jugo de limón. Revuelva hasta que las manzanas estén cubiertas uniformemente. Dejar de lado.

Para la cobertura de Streusel:

En un tazón pequeño, combine la harina, el azúcar moreno, la mantequilla fría picada y la canela molida. Utilice un cortador de masa o los dedos para mezclar los ingredientes hasta que se desmenucen. Dejar de lado.

En un tazón grande, mezcle la mantequilla ablandada, el azúcar granulada y el azúcar moreno hasta que esté suave y esponjoso.

Batir los huevos uno a la vez, luego agregar el extracto de vainilla y mezclar bien.

En un recipiente aparte, mezcle la harina, el polvo para hornear y la sal. Agregue gradualmente los ingredientes secos a los ingredientes húmedos, mezclando hasta que estén combinados. No haga sobre mezcla.

Precalienta tu horno a 350°F (175°C). Forre las bandejas para hornear con papel pergamino.

Saque porciones del tamaño de una cucharada de masa para galletas y aplánelas ligeramente sobre las bandejas para hornear preparadas, dejando espacio entre cada una.

Coloca una cucharada pequeña del relleno de manzana en el centro de cada galleta.

Espolvorea una cantidad generosa de streusel sobre el relleno de manzana de cada galleta.

Hornee en el horno precalentado durante 12-15 minutos o hasta que los bordes estén dorados. Deje que las galletas se enfríen en las bandejas para hornear durante unos minutos antes de transferirlas a una rejilla para que se enfríen por completo.

Estas galletas de tarta de manzana capturan la esencia de una tarta de manzana clásica en una deliciosa forma de galleta. Sírvelos en reuniones o disfrútalos con una taza de té para disfrutar de un placer acogedor. La combinación de galleta tierna, relleno de manzana dulce y streusel desmenuzable hace que estas galletas sean un postre perfecto para el otoño o para cualquier momento.

galletas de Nutella

Ingredientes:
1 taza de Nutella
1 taza de harina para todo uso
1 huevo grande
1 cucharadita de extracto de vainilla
1/2 taza de azúcar granulada (para enrollar)

Instrucciones:

Precalienta tu horno a 350°F (175°C). Forre las bandejas para hornear con papel pergamino.

En un tazón, combine Nutella, harina para todo uso, huevo y extracto de vainilla. Mezcle hasta que todos los ingredientes estén bien combinados y se forme una masa suave para galletas.

Si la masa te queda demasiado blanda, puedes enfriarla en el frigorífico durante unos 30 minutos para que sea más fácil de manipular.

Tome aproximadamente una cucharada de masa y enróllela hasta formar una bola. Coloque el azúcar granulada en un tazón pequeño y enrolle cada bola en azúcar para cubrirla por completo.

Coloque las bolas de masa recubiertas de azúcar en las bandejas para hornear preparadas, dejando espacio entre cada una para untar.

Puedes usar un tenedor para aplanar suavemente cada bola de galleta, creando un patrón entrecruzado en la parte superior.

Hornee en el horno precalentado durante 8-10 minutos o hasta que los bordes estén firmes. Es posible que las galletas todavía estén suaves en el medio, pero se endurecerán a medida que se enfríen.

Deje que las galletas se enfríen en las bandejas para hornear durante unos minutos antes de transferirlas a una rejilla para que se enfríen por completo.

Una vez enfriadas, estas galletas Nutella están listas para disfrutar. Sírvelos con un vaso de leche o tu bebida caliente favorita.

Galletas De Manzana Y Caramelo

Ingredientes:
Para las galletas:
1 taza de mantequilla sin sal, ablandada
1 taza de azúcar granulada
1 taza de azúcar morena, envasada
2 huevos grandes
1 cucharadita de extracto de vainilla
2 tazas de harina para todo uso
1 cucharadita de bicarbonato de sodio
1/2 cucharadita de polvo para hornear
1/2 cucharadita de sal
1 cucharadita de canela molida
1/2 cucharadita de nuez moscada molida
2 tazas de manzanas peladas, sin corazón y finamente picadas (use una variedad crujiente como Granny Smith)
1 taza de caramelos picados o trocitos de caramelo

Para la llovizna de caramelo:
1/2 taza de caramelos o trocitos de caramelo
2 cucharadas de crema espesa

Instrucciones:

Precalienta tu horno a 350°F (175°C). Forre las bandejas para hornear con papel pergamino. En un tazón grande, mezcle la mantequilla ablandada, el azúcar granulada y el azúcar moreno hasta que esté suave y esponjoso. Batir los huevos uno a la vez, luego agregar el extracto de vainilla y mezclar bien.

En un recipiente aparte, mezcle la harina, el bicarbonato de sodio, el polvo para hornear, la sal, la canela y la nuez moscada. Agregue gradualmente los ingredientes secos a los ingredientes húmedos, mezclando hasta que estén combinados.

Incorpora suavemente las manzanas picadas y los caramelos hasta que se distribuyan uniformemente por toda la masa. Coloca cucharadas redondeadas de masa en las bandejas para hornear preparadas, dejando espacio entre cada galleta.

Hornea en el horno precalentado durante 12-15 minutos o hasta que los bordes estén dorados. Es posible que los centros todavía estén ligeramente blandos.

Deje que las galletas se enfríen en las bandejas para hornear durante unos minutos antes de transferirlas a una rejilla para que se enfríen por completo.

En una cacerola pequeña a fuego lento, derrita los caramelos o los trozos de caramelo con la crema espesa, revolviendo hasta que quede suave. Una vez que las galletas estén completamente frías, rocíe la mezcla de caramelo sobre cada galleta con una cuchara o una manga pastelera.

Deje que el caramelo se asiente antes de servir.

Estas galletas de manzana y caramelo capturan la esencia del otoño con la combinación de manzanas dulces, caramelo pegajoso y especias cálidas. Disfrútalos con una taza de té, café o como complemento festivo a tu plato de galletas.

Flores de mantequilla de maní

Ingredientes:
- 1/2 taza de mantequilla sin sal, ablandada
- 1/2 taza de azúcar granulada
- 1/2 taza de azúcar moreno envasada
- 1/2 taza de mantequilla de maní cremosa
- 1 huevo grande
- 1 cucharadita de extracto de vainilla
- 1 3/4 tazas de harina para todo uso
- 1 cucharadita de bicarbonato de sodio
- 1/2 cucharadita de sal
- 1/4 taza de azúcar granulada (para enrollar) Aproximadamente 36 chocolates Hershey's Kisses, sin envolver

Instrucciones:

Precalienta tu horno a 350°F (175°C). Forre las bandejas para hornear con papel pergamino.

En un tazón grande, mezcle la mantequilla ablandada, el azúcar granulada, el azúcar morena y la mantequilla de maní hasta que esté suave y esponjosa.

Batir el huevo y el extracto de vainilla hasta que estén bien combinados.

En un recipiente aparte, mezcle la harina, el bicarbonato de sodio y la sal.

Agregue gradualmente los ingredientes secos a los ingredientes húmedos, mezclando hasta que estén combinados. No haga sobre mezcla.

Saque cucharadas redondeadas de masa y forme bolitas.

ar para cubrirlo por completo.

Coloque las bolas de masa recubiertas de azúcar en las bandejas para hornear preparadas, espaciándolas aproximadamente a 2 pulgadas de distancia. Hornea en el horno precalentado durante 8-10 minutos o hasta que los bordes estén ligeramente dorados.

Tan pronto como las galletas salgan del horno, presione suavemente un Hershey's Kiss en el centro de cada galleta. Los bordes pueden agrietarse un poco, y eso es perfectamente normal. Deje que las galletas se enfríen en las bandejas para hornear durante unos minutos antes de transferirlas a una rejilla para que se enfríen por completo.

Una vez enfriadas, estas flores de mantequilla de maní están listas para disfrutar. Compártelos con familiares y amigos o disfrútalos con un vaso de leche.

Snickerdoodles de Calabaza

Ingredientes:

Para las galletas:
- 1 taza de mantequilla sin sal, ablandada
- 1 taza de azúcar granulada
- 1/2 taza de azúcar morena, envasada
- 1/2 taza de puré de calabaza enlatado
- 1 huevo grande
- 1 cucharadita de extracto de vainilla
- 3 3/4 tazas de harina para todo uso
- 1/2 cucharadita de polvo para hornear
- 1/2 cucharadita de bicarbonato de sodio
- 1/2 cucharadita de sal
- 1/2 cucharadita de canela molida
- 1/4 cucharadita de nuez moscada molida

Para la cobertura de canela y azúcar:
- 1/4 taza de azúcar granulada
- 1 cucharadita de canela molida

Instrucciones:

Precalienta tu horno a 350°F (175°C). Forre las bandejas para hornear con papel pergamino.

Crema de Mantequilla y Azúcares:

En un tazón grande, mezcle la mantequilla ablandada, el azúcar granulada y el azúcar moreno hasta que esté suave y esponjoso.

Agrega el puré de calabaza, el huevo y el extracto de vainilla hasta que estén bien combinados.

En un recipiente aparte, mezcle la harina, el polvo para hornear, el bicarbonato de sodio, la sal, la canela y la nuez moscada.

Agregue los ingredientes secos a los ingredientes húmedos:

Agregue gradualmente los ingredientes secos a los ingredientes húmedos, mezclando hasta que estén combinados. No haga sobre mezcla.

Si la masa te queda demasiado blanda, puedes enfriarla en el frigorífico durante unos 30 minutos para que sea más fácil de manipular.

En un tazón pequeño, mezcle el azúcar granulada y la canela molida para la cobertura.

Saque cucharadas redondeadas de masa y forme bolitas.

Enrolle cada bola de masa en la capa de canela y azúcar para cubrirla por completo.

Coloque las bolas de masa recubiertas en las bandejas para hornear preparadas, dejando espacio entre cada galleta.

Hornee en el horno precalentado durante 10-12 minutos o hasta que los bordes estén firmes. Es posible que los centros todavía estén ligeramente blandos.

Deje que las galletas se enfríen en las bandejas para hornear durante unos minutos antes de transferirlas a una rejilla para que se enfríen por completo.

Una vez enfriados, estos Snickerdoodles de calabaza están listos para disfrutar. Son perfectos para el otoño o en cualquier momento en el que se te antojen los reconfortantes sabores de la calabaza y la canela.

Galletas de mantequilla danesas

Ingredientes:
Para las galletas:
1 taza de mantequilla sin sal, ablandada
1 taza de azúcar granulada
2 yemas de huevo grandes
1 cucharadita de extracto de vainilla
2 1/2 tazas de harina para todo uso
1/2 cucharadita de polvo para hornear
Una pizca de sal Para decorar:
Azúcar de colores, chispas o nueces trituradas Colorante alimentario rojo y verde (gel o líquido)

Instrucciones:
Precalienta tu horno a 350°F (175°C). Forre las bandejas para hornear con papel pergamino.
En un tazón grande, mezcle la mantequilla ablandada y el azúcar granulada hasta que esté suave y esponjosa. Batir las yemas de huevo una a la vez, luego agregar el extracto de vainilla y mezclar hasta que estén bien combinados.
En un recipiente aparte, mezcle la harina, el polvo para hornear y la sal. Agregue gradualmente los ingredientes secos a los ingredientes húmedos, mezclando hasta que estén combinados. Tenga cuidado de no mezclar demasiado.
Divide la masa en dos porciones iguales. Agregue unas gotas de colorante rojo a una porción y colorante verde a la otra. Mezcla hasta que los colores se distribuyan uniformemente y tengas una masa roja y una masa verde.
Tome pequeñas porciones de cada masa de color y enróllelas formando tiras de aproximadamente 1/4 de pulgada de diámetro. Retuerce una cuerda roja y una verde y luego dale forma de círculo o de cualquier forma que desees.
Coloque las galletas en las bandejas para hornear preparadas. Espolvoree azúcar de colores, chispas navideñas o nueces trituradas encima para decorar.
Hornea en el horno precalentado durante 10-12 minutos o hasta que los bordes estén ligeramente dorados. Es posible que las galletas aún estén blandas, pero se endurecerán a medida que se enfríen.
Deje que las galletas se enfríen en las bandejas para hornear durante unos minutos antes de transferirlas a una rejilla para que se enfríen por completo. Una vez que estén frías, coloque estas galletas de mantequilla danesas navideñas en una fuente festiva. Están listos para disfrutarlos con una taza de té o como dulce complemento a su mesa de postres navideños.
Estas galletas navideñas de mantequilla danesas no solo son deliciosas, sino que también añaden un toque festivo a tus celebraciones navideñas con sus hermosos remolinos rojos y verdes. ¡Disfruta de la delicia mantecosa y los alegres colores de la temporada!

Galletas de mezcla para pastel de chocolate

Ingredientes:
1 caja (15,25 onzas) de mezcla para pastel de chocolate
1/2 taza de aceite vegetal
2 huevos grandes
1 cucharadita de extracto de vainilla
1 taza de chispas o trozos de chocolate (opcional)

Instrucciones:

Precalienta tu horno a 350°F (175°C). Forre las bandejas para hornear con papel pergamino.

En un tazón grande, combine la mezcla para pastel de chocolate, el aceite vegetal, los huevos y el extracto de vainilla. Mezclar hasta que los ingredientes estén bien combinados y se forme una masa suave.

Si lo desea, agregue chispas o trozos de chocolate a la masa para darle más textura y sabor a chocolate.

Saque cucharadas redondeadas de masa y forme bolitas. Colóquelas en las bandejas para hornear preparadas, dejando algo de espacio entre cada galleta.

Hornee en el horno precalentado durante 8-10 minutos o hasta que los bordes estén firmes. Es posible que los centros todavía estén ligeramente blandos.

Deje que las galletas se enfríen en las bandejas para hornear durante unos minutos antes de transferirlas a una rejilla para que se enfríen por completo.

Una vez enfriadas, estas galletas de mezcla para pastel de chocolate están listas para disfrutar. Tienen una textura suave y masticable con un rico sabor a chocolate.

Estas galletas son increíblemente versátiles y puedes personalizarlas agregando nueces, diferentes tipos de chocolate o incluso una pizca de sal marina encima antes de hornearlas. Son una excelente opción para cuando deseas una delicia casera rápida y deliciosa sin la molestia de medir y mezclar desde cero.

Galletas De Media Luna De Nueces

Ingredientes:
1 taza de mantequilla sin sal, ablandada
1/2 taza de azúcar en polvo, más un poco más para enrollar
1 cucharadita de extracto de vainilla
2 tazas de harina para todo uso
1/4 cucharadita de sal
1 taza de nueces pecanas finamente picadas

Instrucciones:

Precalienta tu horno a 350°F (175°C). Forre las bandejas para hornear con papel pergamino.

En un tazón grande, mezcle la mantequilla ablandada y 1/2 taza de azúcar en polvo hasta que esté suave y esponjosa.

Agrega el extracto de vainilla hasta que esté bien combinado.

En un recipiente aparte, mezcle la harina y la sal.

Agregue los ingredientes secos a los ingredientes húmedos:

Agregue gradualmente los ingredientes secos a la mezcla de mantequilla y azúcar, mezclando hasta que estén combinados.

Incorpora suavemente las nueces finamente picadas hasta que se distribuyan uniformemente por toda la masa.

Toma pequeñas porciones de masa y dales forma de media luna o bolitas. Colóquelos en las bandejas para hornear preparadas.

Hornee en el horno precalentado durante 12-15 minutos o hasta que la base esté ligeramente dorada. Tenga cuidado de no hornear demasiado.

Deje que las galletas se enfríen en las bandejas para hornear durante unos minutos.

Mientras las galletas aún estén calientes, enróllelas en azúcar en polvo hasta que estén bien cubiertas. Esto crea un final dulce y nevado.

Transfiera las galletas recubiertas a una rejilla para que se enfríen por completo.

Recubrir con azúcar en polvo:

Una vez que las galletas estén completamente frías, dales otro enrollado suave en azúcar en polvo para asegurar una apariencia nevada.

Coloque las galletas Pecan Crescent en un plato festivo y estarán listas para disfrutarlas con una taza de té o café.

Estas galletas de nuez y media luna son mantecosas, con sabor a nuez y deliciosas que se derriten en la boca. Son una maravillosa adición a las reuniones navideñas y son un excelente regalo casero durante la temporada navideña.

Galletas De Estrella De Pistacho

Ingredientes:
Para las galletas:
1 taza de mantequilla sin sal, ablandada
1 taza de azúcar granulada
1 huevo grande
1 cucharadita de extracto de vainilla
2 tazas de harina para todo uso
1/2 taza de pistachos, finamente molidos
1/4 cucharadita de sal

Para decoración:
1/2 taza de pistachos, finamente picados Azúcar en polvo para espolvorear

Instrucciones:
Precalienta tu horno a 350°F (175°C). Forre las bandejas para hornear con papel pergamino.

Crema de Mantequilla y Azúcar:
En un tazón grande, mezcle la mantequilla ablandada y el azúcar granulada hasta que esté suave y esponjosa.
Batir el huevo y el extracto de vainilla hasta que estén bien combinados.
En un recipiente aparte, mezcle la harina, los pistachos finamente molidos y la sal.
Agregue los ingredientes secos a los ingredientes húmedos:
Agregue gradualmente los ingredientes secos a los ingredientes húmedos, mezclando hasta que estén combinados. No haga sobre mezcla.
Forme una bola con la masa, envuélvala en papel film y refrigere durante al menos 30 minutos para que se endurezca.
Sobre una superficie ligeramente enharinada, extienda la masa fría hasta que tenga un grosor de aproximadamente 1/4 de pulgada. Utilice un cortador de galletas en forma de estrella para cortar las galletas.
Coloque las galletas recortadas en las bandejas para hornear preparadas, dejando algo de espacio entre cada galleta.
Espolvorea los pistachos finamente picados encima de cada galleta, presionándolos suavemente contra la masa.
Hornea en el horno precalentado durante 10-12 minutos o hasta que los bordes estén ligeramente dorados.
Deje que las galletas se enfríen en las bandejas para hornear durante unos minutos antes de transferirlas a una rejilla para que se enfríen por completo.

Espolvorear con azúcar en polvo:
Una vez enfriadas, espolvorea las galletas estrella de pistacho con azúcar en polvo para darle un acabado festivo.
Coloque estas deliciosas galletas estrella de pistacho en una fuente navideña y estarán listas para disfrutarlas con amigos y familiares.
Estas Galletas Estrella de Pistacho tienen un maravilloso sabor a nuez y una apariencia encantadora que las hace perfectas para Navidad o cualquier ocasión especial. ¡Disfruta del delicioso crujido de los pistachos y la dulzura de estas galletas festivas!

Galletas de 7 capas

Ingredientes:
- 1/2 taza de mantequilla sin sal, derretida
- 1 1/2 tazas de galletas Graham molidas
- 1 taza de chispas de chocolate (chocolate semidulce o con leche)
- 1 taza de chips de caramelo
- 1 taza de coco rallado endulzado
- 1 taza de nueces picadas (nueces o pecanas)
- 1 lata (14 onzas) de leche condensada azucarada

Instrucciones:

Precalienta tu horno a 350°F (175°C). Engrase un molde para hornear de 9x13 pulgadas.

En un tazón mediano, mezcle la mantequilla derretida con las migas de galletas Graham hasta que estén bien combinados. Presione la mezcla en el fondo del molde para hornear preparado para formar la corteza.

Cubra con chispas de chocolate y caramelo:

Espolvoree las chispas de chocolate y las chispas de caramelo de manera uniforme sobre la base de galletas Graham.

A continuación, espolvorea el coco rallado y las nueces picadas sobre los chips de chocolate y caramelo.

Vierta uniformemente la leche condensada azucarada sobre toda la mezcla. Esto actuará como aglutinante para las capas.

Hornee en el horno precalentado durante unos 25-30 minutos o hasta que la parte superior esté dorada y los bordes firmes.

Deja que las galletas de 7 capas se enfríen completamente en el molde. Puedes acelerar el proceso de enfriamiento colocándolos en el frigorífico.

Una vez que estén completamente frías, corta las galletas en cuadrados o barras. Puedes limpiar el cuchillo con un paño húmedo entre cortes para obtener bordes más limpios.

Coloque estas deliciosas galletas de 7 capas en un plato para servir y estarán listas para disfrutar. Estas barras son una combinación perfecta de dulzura, crujiente y masticable.

Siéntete libre de personalizar estas galletas agregando ingredientes como frutas secas, trocitos de caramelo o chispas de chocolate blanco para hacerlas tuyas. Son un regalo fantástico para las fiestas, comidas compartidas o cualquier ocasión en la que desees un postre delicioso y fácil de preparar.

Galletas azucaradas

Ingredientes:
Para las galletas:
1 taza de mantequilla sin sal, ablandada
1/2 taza de azúcar granulada
1 huevo grande
1 cucharadita de extracto de vainilla
2 tazas de harina para todo uso
1/2 cucharadita de polvo para hornear
1/4 cucharadita de sal
1 taza de almendras molidas o harina de almendras
Para Relleno y Decoración:
Mermelada de frambuesa o fresa Azúcar glass para espolvorear

Instrucciones:

Precalienta tu horno a 350°F (175°C). Forre las bandejas para hornear con papel pergamino.

En un tazón grande, mezcle la mantequilla ablandada y el azúcar granulada hasta que esté suave y esponjosa.

Batir el huevo y el extracto de vainilla hasta que estén bien combinados.

En un recipiente aparte, mezcle la harina, el polvo para hornear, la sal y las almendras molidas.

Agregue gradualmente los ingredientes secos a los ingredientes húmedos, mezclando hasta que estén combinados. No haga sobre mezcla.

Forme una bola con la masa, envuélvala en film transparente y refrigere durante al menos 30 minutos para que se endurezca.

Sobre una superficie ligeramente enharinada, extienda la masa fría hasta que tenga un grosor de aproximadamente 1/8 de pulgada.

Recortar galletas:

Utilice un cortador de galletas redondo para cortar pares de galletas. Para la mitad de las galletas, use un cortador más pequeño para crear un corte en el centro.

Coloque las galletas en las bandejas para hornear preparadas y hornee en el horno precalentado durante 10-12 minutos o hasta que los bordes estén ligeramente dorados. Los centros deben permanecer pálidos.

Deje que las galletas se enfríen en las bandejas para hornear durante unos minutos antes de transferirlas a una rejilla para que se enfríen por completo.

Unte una pequeña cantidad de mermelada en la parte inferior de cada galleta entera. Coloque una galleta recortada encima, creando un sándwich relleno de mermelada.

Espolvorea la parte superior de las galletas Linzer con azúcar en polvo para darle el toque final.

Coloca estas hermosas y deliciosas Galletas Linzer en un plato y estarán listas para disfrutar con una taza de té o café.

Galletas arrugadas de chocolate

Ingredientes:
1 taza de cacao en polvo sin azúcar
2 tazas de azúcar granulada
1/2 taza de aceite vegetal
4 huevos grandes
2 cucharaditas de extracto de vainilla
2 tazas de harina para todo uso
2 cucharaditas de polvo de hornear
1/2 cucharadita de sal
1 taza de azúcar en polvo (para cubrir)

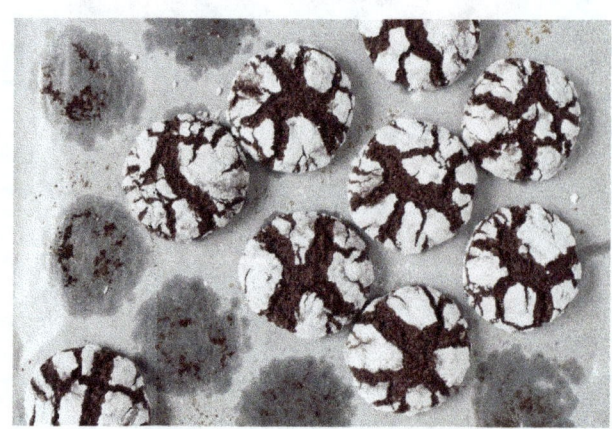

Instrucciones:

Precalienta tu horno a 350°F (175°C). Forre las bandejas para hornear con papel pergamino.

En un tazón grande, mezcle el cacao en polvo, el azúcar granulada y el aceite vegetal hasta que estén bien combinados.

Batir los huevos uno a la vez, asegurándose de que cada huevo esté completamente incorporado. Agrega el extracto de vainilla y mezcla bien.

En un recipiente aparte, mezcle la harina, el polvo para hornear y la sal.

Agregue gradualmente los ingredientes secos a los ingredientes húmedos, mezclando hasta que se forme una masa espesa y esponjosa.

Cubra la masa con film transparente y enfríe en el frigorífico durante al menos 4 horas o toda la noche. Este paso es crucial para un manejo más fácil.

Una vez fría, tome pequeñas porciones de la masa y forme bolitas de 1 pulgada.

Enrolle cada bola en azúcar en polvo hasta que esté bien cubierta. Colóquelas en las bandejas para hornear preparadas, dejando espacio entre cada galleta. Hornee en el horno precalentado durante 10-12 minutos o hasta que las galletas estén cuajadas y tengan una apariencia arrugada. Los centros deben permanecer blandos.

Deje que las galletas se enfríen en las bandejas para hornear durante unos minutos antes de transferirlas a una rejilla para que se enfríen por completo.

Una vez enfriadas, estas galletas arrugadas de chocolate están listas para disfrutar. Tienen una textura masticable, un rico sabor a chocolate y una hermosa capa de azúcar en polvo.

Estas galletas arrugadas de chocolate no solo son deliciosas sino también visualmente atractivas, lo que las convierte en un complemento perfecto para su plato de galletas navideñas. ¡Disfruta del delicioso contraste entre el exterior crujiente y el interior suave y esponjoso en cada bocado!

Galletas navideñas italianas

Ingredientes:
Para la masa:
4 tazas de harina para todo uso
1/2 taza de azúcar granulada
1/2 taza de mantequilla sin sal, ablandada
4 huevos grandes
1 cucharadita de extracto de vainilla
1/2 cucharadita de levadura en polvo
Una pizca de sal
Para freír y rebozar:
Aceite vegetal, para freír
1 taza de miel Ralladura de 1 naranja Chispitas de colores o sin igual, para decorar

Instrucciones:
En un tazón grande, combine la harina, el azúcar, la mantequilla blanda, los huevos, el extracto de vainilla, el polvo para hornear y una pizca de sal. Mezclar hasta que la masa se una. Si está demasiado pegajosa, agregue un poco más de harina. Tome pequeñas porciones de la masa y forme bolas del tamaño de canicas.

En una sartén honda calentar aceite vegetal para freír. Freír con cuidado las bolitas de masa hasta que estén doradas. Retíralas con una espumadera y colócalas sobre toallas de papel para absorber el exceso de aceite.

En una cacerola aparte, calienta la miel a fuego lento. Agrega la ralladura de naranja y revuelve hasta que esté bien combinado.

Agregue las bolas de masa fritas a la mezcla tibia de miel y revuelva hasta que estén cubiertas uniformemente. Coloque las bolas de masa recubiertas de miel en forma de corona en una fuente para servir o apílelas en el centro. También puedes crear porciones individuales.

Espolvoree chispas de colores o chispas sin igual sobre la parte superior de las bolas de masa recubiertas de miel para darle un toque festivo.

Deje que el Struffoli se enfríe y repose durante unas horas. La capa de miel se endurecerá ligeramente.

Una vez cuajado, el Struffoli está listo para servir. ¡Rompe pedazos y disfruta de estas delicias dulces cubiertas de miel!

Struffoli es un postre navideño tradicional italiano que no solo es delicioso sino también visualmente atractivo. A menudo se comparte entre familiares y amigos durante las celebraciones navideñas. Puedes ser creativo con las decoraciones y convertirlo en una pieza central de tu mesa de postres festiva.

Galletas rociadas

Ingredientes:
1 taza de mantequilla sin sal, ablandada
2/3 taza de azúcar granulada
1 huevo grande
1 cucharadita de extracto de vainilla
1/4 cucharadita de extracto de almendras (opcional)
2 1/4 tazas de harina para todo uso
1/2 cucharadita de polvo para hornear
1/4 cucharadita de sal

Instrucciones:
Precalienta tu horno a 375°F (190°C). Forre las bandejas para hornear con papel pergamino.
Si usa una prensa para galletas, siga las instrucciones del fabricante para el montaje. En un tazón grande, mezcle la mantequilla ablandada y el azúcar hasta que quede suave y esponjoso.
Batir el huevo, el extracto de vainilla y el extracto de almendras (si se usa) hasta que estén bien combinados.
En un recipiente aparte, mezcle la harina, el polvo para hornear y la sal.
Agregue gradualmente los ingredientes secos a los ingredientes húmedos, mezclando hasta que estén combinados. No haga sobre mezcla.
Cargue la prensa para galletas con la masa para galletas, siguiendo las instrucciones de la prensa.
Presione la masa sobre las bandejas para hornear preparadas, creando varias formas. Deja algo de espacio entre cada galleta.
Hornea en el horno precalentado durante 8-10 minutos o hasta que los bordes estén ligeramente dorados. El tiempo de horneado puede variar según el tamaño y grosor de las galletas.
Deje que las galletas se enfríen en las bandejas para hornear durante unos minutos antes de transferirlas a una rejilla para que se enfríen por completo.
Puedes dejar las Galletas Spritz simples o decorarlas con azúcares de colores, chispas o chocolate derretido.
Una vez enfriadas y decoradas, estas clásicas galletas Spritz están listas para disfrutar. Son perfectos para reuniones navideñas, intercambios de galletas o como un dulce con una taza de té o café.
Las galletas Spritz son versátiles y puedes experimentar con diferentes formas y decoraciones para adaptarlas a la ocasión. La prensa para galletas le permite crear galletas hermosas y uniformes con facilidad, lo que las convierte en una adición festiva y deliciosa a sus tradiciones navideñas de repostería.

galletitas de pedazos de chocolate

Ingredientes:
1 taza de mantequilla sin sal, ablandada
1 taza de azúcar granulada
1 taza de azúcar morena envasada
2 huevos grandes
1 cucharadita de extracto de vainilla
3 tazas de harina para todo uso
1 cucharadita de bicarbonato de sodio
1/2 cucharadita de polvo para hornear
1/2 cucharadita de sal
2 tazas de chocolate en trozos o chocolate picado

Instrucciones:

Precalienta tu horno a 350°F (175°C). Forre las bandejas para hornear con papel pergamino.

En un tazón grande, mezcle la mantequilla ablandada, el azúcar granulada y el azúcar moreno hasta que esté suave y esponjoso.

Batir los huevos, uno a la vez, y luego agregar el extracto de vainilla. Mezclar hasta que esté bien combinado.

En un recipiente aparte, mezcle la harina, el bicarbonato de sodio, el polvo para hornear y la sal.

Agregue gradualmente los ingredientes secos a los ingredientes húmedos, mezclando hasta que estén combinados. No haga sobre mezcla.

Incorpora suavemente los trozos de chocolate o el chocolate picado y las nueces (si se usan) hasta que se distribuyan uniformemente por toda la masa.

Use una cuchara para galletas o una cuchara para dejar caer cucharadas redondeadas de masa sobre las bandejas para hornear preparadas, espaciándolas aproximadamente a 2 pulgadas de distancia.

Hornee en el horno precalentado durante 10-12 minutos o hasta que los bordes estén dorados pero el centro aún suave. Las galletas seguirán endureciéndose a medida que se enfríen.

Deje que las galletas se enfríen en las bandejas para hornear durante unos minutos antes de transferirlas a una rejilla para que se enfríen por completo.

Una vez enfriadas, estas galletas con trozos de chocolate están listas para disfrutar. Son perfectos para cualquier ocasión y seguramente satisfarán tus antojos de chocolate.

Siéntete libre de personalizar estas galletas usando diferentes tipos de chocolate o agregando tus mezclas favoritas. Ya sea que las disfrutes con un vaso de leche o las compartas con amigos y familiares, las galletas con trozos de chocolate son una delicia deliciosa y atemporal.

rugelach

Ingredientes:
Para la masa:
1 taza de mantequilla sin sal, ablandada
8 onzas de queso crema, ablandado
2 tazas de harina para todo uso
1/4 cucharadita de sal Para el relleno:
1/2 taza de conservas de frutas (albaricoque, frambuesa o la de tu elección)
1/2 taza de nueces picadas (nueces, pecanas o almendras)
1/2 taza de pasas o grosellas
1/2 taza de azúcar granulada
1 cucharadita de canela molida
1/2 taza de chispas de chocolate (opcional) Para cubrir:
1 huevo batido (para batir el huevo)
Azúcar en polvo (para espolvorear)

Instrucciones:

En un tazón grande, bata la mantequilla blanda y el queso crema hasta que quede suave. Agrega poco a poco la harina y la sal, mezclando hasta que se forme una masa. Divida la masa en 4 porciones iguales, forme un disco con cada una, envuélvalas en film transparente y refrigere durante al menos 1 hora. Precaliente el horno a 350 °F (175 °C). Forre las bandejas para hornear con papel pergamino.

Tome un disco de masa fría a la vez y extiéndalo sobre una superficie enharinada hasta formar un círculo de 1/8 de pulgada de grosor. Extienda una fina capa de conservas de frutas sobre la masa extendida, dejando un pequeño borde alrededor de los bordes.

En un tazón, mezcle nueces picadas, pasas o grosellas, azúcar granulada, canela y chispas de chocolate (si las usa). Espolvorea esta mezcla uniformemente sobre las conservas de frutas. Con un cortador de pizza o un cuchillo afilado, corta la masa en triángulos. Enrolla cada triángulo desde el extremo ancho hacia la punta, creando una forma de media luna.

Coloque el rugelach con forma en las bandejas para hornear preparadas, con la costura hacia abajo.
Cepille con huevo batido:
Cepille la parte superior del rugelach con el huevo batido para darle un acabado dorado.
Hornee en el horno precalentado durante 15-18 minutos o hasta que los rugelach estén dorados.
Deje que el rugelach se enfríe en las bandejas para hornear durante unos minutos antes de transferirlos a una rejilla para que se enfríen por completo.
Una vez enfriado, espolvorea el rugelach con azúcar en polvo para darle el toque final.
Estos deliciosos rugelach están listos para servir. Disfrútalos con una taza de té o café.

Trufas De Galleta Oreo

Ingredientes:
1 paquete (alrededor de 36) galletas Oreo
1 paquete (8 onzas) de queso crema, ablandado
1 cucharadita de extracto de vainilla
12 onzas de chocolate blanco o dulces derretidos.
Surtido de chispas o adornos navideños.

Instrucciones:

Coloque las galletas Oreo en un procesador de alimentos y presione hasta que se conviertan en migajas finas. Si no tienes procesador de alimentos, puedes colocar las galletas en una bolsa de plástico sellada y triturarlas con un rodillo.

En un tazón grande, mezcle las galletas Oreo trituradas con el queso crema ablandado y el extracto de vainilla hasta que estén bien combinados. La mezcla debe quedar suave y homogénea.

Cubra una bandeja para hornear con papel pergamino. Saque pequeñas porciones de la mezcla y forme bolitas, colocándolas en la bandeja para hornear preparada.

Coloque la bandeja para hornear en el refrigerador durante al menos 30 minutos para permitir que las bolas de trufa se endurezcan.

En un recipiente resistente al calor, derrita el chocolate blanco o los dulces derretidos según las instrucciones del paquete. Puedes derretirlo en el microondas o al baño maría.

Con un tenedor o un palillo, sumerja cada bola de trufa fría en el chocolate blanco derretido, asegurándose de que quede completamente cubierta. Deje que escurra el exceso de chocolate.

Vuelva a colocar la trufa recubierta sobre el papel pergamino y decórela inmediatamente con chispas o adornos navideños antes de que se endurezca el chocolate.

Regresa las trufas al frigorífico para que la cobertura de chocolate se endurezca por completo.

Una vez que la cobertura de chocolate esté lista, sus trufas navideñas de galletas Oreo estarán listas para servir. Colóquelos en un plato festivo o envuélvalos en una caja decorativa para regalar.

Estas trufas de galletas Oreo no solo son deliciosas, sino que también son un regalo festivo y visualmente atractivo durante la temporada navideña. ¡Disfruta de la combinación de relleno cremoso de Oreo, rica cobertura de chocolate y alegres adornos navideños!

Sandies pacana

Ingredientes:
1 taza de mantequilla sin sal, ablandada
1/2 taza de azúcar en polvo, más extra para cubrir
2 cucharaditas de extracto de vainilla
2 tazas de harina para todo uso
1/4 cucharadita de sal
1 taza de nueces pecanas finamente picadas

Instrucciones:

Precalienta tu horno a 350°F (175°C). Forre las bandejas para hornear con papel pergamino.

En un tazón grande, mezcle la mantequilla ablandada y el azúcar en polvo hasta que esté suave y esponjosa.

Agrega el extracto de vainilla hasta que esté bien combinado.

En un recipiente aparte, mezcle la harina y la sal.

Agregue los ingredientes secos a los ingredientes húmedos:

Agregue gradualmente los ingredientes secos a la mezcla de mantequilla y azúcar, mezclando hasta que estén combinados. Incorpora suavemente las nueces finamente picadas hasta que se distribuyan uniformemente por toda la masa.

Toma pequeñas porciones de la masa y dales forma de bolitas o troncos. Puedes usar una cuchara para galletas para obtener tamaños uniformes.

Coloque las galletas con forma en las bandejas para hornear preparadas, dejando algo de espacio entre cada galleta.

Hornee en el horno precalentado durante 12-15 minutos o hasta que la base esté ligeramente dorada. Tenga cuidado de no hornear demasiado; las galletas deben quedar pálidas por encima.

Deje que las galletas se enfríen en las bandejas para hornear durante unos minutos.

Mientras las galletas aún estén calientes, enróllelas en azúcar en polvo hasta que estén bien cubiertas. Esto crea un final dulce y arenoso.

Transfiera las galletas recubiertas a una rejilla para que se enfríen por completo.

Una vez que las galletas estén completamente frías, dales otro enrollado suave en azúcar en polvo para asegurar una apariencia arenosa.

Coloque estos deliciosos Pecan Sandies en un plato y estarán listos para disfrutar con una taza de té o café.

Pecan Sandies son una galleta deliciosa que se derrite en la boca con el equilibrio perfecto entre dulzura y sabor a nuez. Son una maravillosa adición a su plato de galletas navideñas o un maravilloso regalo hecho en casa.

Galletas de chocolate y menta para cortar y hornear

Ingredientes:
Para la masa de galletas de chocolate:
1 taza de mantequilla sin sal, ablandada
1 taza de azúcar granulada
1 huevo grande
1 cucharadita de extracto de vainilla
2 tazas de harina para todo uso
1/2 taza de cacao en polvo sin azúcar
1/4 cucharadita de sal Para la capa de menta:
1 taza de azúcar en polvo
2 cucharadas de mantequilla sin sal, ablandada
1 cucharada de leche
1/2 cucharadita de extracto de menta
Colorante alimentario rojo o verde (opcional)
Para enrollar:
Bastones de caramelo triturados o caramelos de menta

Instrucciones:

En un tazón grande, mezcle la mantequilla ablandada y el azúcar granulada hasta que esté suave y esponjosa.

Batir el huevo y el extracto de vainilla hasta que estén bien combinados.

En un recipiente aparte, mezcle la harina, el cacao en polvo y la sal.

Agregue gradualmente los ingredientes secos a los ingredientes húmedos, mezclando hasta que estén combinados. No haga sobre mezcla.

Divide la masa de chocolate por la mitad. Forme un tronco con cada mitad, aproximadamente 1 1/2 pulgadas de diámetro.

Envuelva los troncos en papel film y refrigere durante al menos 1 hora o hasta que estén firmes.

En un tazón, mezcle el azúcar en polvo, la mantequilla blanda, la leche y el extracto de menta hasta que quede suave. Agregue colorante para alimentos si lo desea para darle un toque festivo.

Enrolle la mezcla de menta entre dos hojas de papel pergamino hasta formar un rectángulo que tenga aproximadamente el mismo largo que los troncos de masa de chocolate.

Desenvuelva los rollitos de masa de chocolate. Coloque la capa de menta encima de uno de los troncos, luego coloque el segundo tronco encima, creando un sándwich. Enrolle los troncos para adherirlos.

Enrolle los troncos combinados en bastones de caramelo triturados o caramelos de menta para cubrir el exterior.

Envuelva el tronco en papel film y refrigere por al menos 2 horas o hasta que esté firme.

Precalienta tu horno a 350°F (175°C). Forre las bandejas para hornear con papel pergamino.

Con un cuchillo afilado, corte el tronco frío en galletas de aproximadamente 1/4 de pulgada de grosor. Coloque las rodajas en las bandejas para hornear preparadas.

Hornee en el horno precalentado durante 10-12 minutos o hasta que los bordes estén firmes. La capa de menta puede agrietarse un poco, lo que aumenta el encanto.

Deje que las galletas se enfríen en las bandejas para hornear durante unos minutos antes de transferirlas a una rejilla para que se enfríen por completo.

Una vez enfriadas, estas galletas de chocolate y menta para cortar y hornear están listas para disfrutar. Son perfectos para la temporada navideña y son un complemento festivo para su variedad de galletas.

Galletas de azúcar

Ingredientes:
1 taza de mantequilla sin sal, ablandada
1 taza de azúcar granulada
2 huevos grandes
1 cucharadita de extracto de vainilla
3 tazas de harina para todo uso
1/2 cucharadita de polvo para hornear
1/4 cucharadita de sal

Instrucciones:

Precalienta tu horno a 350°F (175°C). Forre las bandejas para hornear con papel pergamino. En un tazón grande, bata la mantequilla ablandada y el azúcar granulada hasta que esté suave y esponjosa.

Batir los huevos, uno a la vez, y luego agregar el extracto de vainilla. Mezclar hasta que esté bien combinado. En un recipiente aparte, mezcle la harina, el polvo para hornear y la sal.

Agregue gradualmente los ingredientes secos a la mezcla de mantequilla y azúcar, mezclando hasta que estén combinados. No haga sobre mezcla.

Forme una bola con la masa, envuélvala en film transparente y refrigere durante al menos 1 hora. Este paso ayuda a que la masa se endurezca y facilita su extensión.

Sobre una superficie ligeramente enharinada, extienda la masa fría hasta que tenga un grosor de aproximadamente 1/4 de pulgada.

Utilice cortadores de galletas para recortar formas de la masa extendida. Coloque las formas recortadas en las bandejas para hornear preparadas, dejando algo de espacio entre cada galleta.

Hornee en el horno precalentado durante 8-10 minutos o hasta que los bordes comiencen a dorarse. Los centros deben permanecer blandos.

Deje que las galletas se enfríen en las bandejas para hornear durante unos minutos antes de transferirlas a una rejilla para que se enfríen por completo.

Una vez enfriadas, puedes decorar las galletas de azúcar con glaseado, azúcares de colores o chispas. Estas clásicas galletas de azúcar ya están listas para disfrutar. Son perfectos tal cual o se pueden decorar para adaptarlos a cualquier tema u ocasión.

Siéntete libre de ser creativo con tus galletas de azúcar. Puedes usar diferentes cortadores de galletas, experimentar con varias decoraciones o incluso hacer galletas tipo sándwich untando glaseado entre dos galletas. ¡Las galletas de azúcar son un lienzo en blanco para tu creatividad culinaria!

Palmeras de dos ingredientes

Ingredientes:
1 hoja de hojaldre comprado en la tienda, descongelado (generalmente viene en un paquete de 17,3 onzas)
1/2 taza de azúcar granulada (para cubrir)

Instrucciones:

Precalienta tu horno a la temperatura indicada en el paquete de hojaldre (generalmente alrededor de 400°F o 200°C). Cubra una bandeja para hornear con papel pergamino.

Sobre una superficie ligeramente enharinada, desdobla la lámina de hojaldre descongelada. Si es necesario, enróllelo ligeramente con un rodillo para suavizar las arrugas.

Espolvorea toda la superficie de la lámina de hojaldre con una capa uniforme de azúcar granulada. Presiona el azúcar en la masa con el rodillo para que se adhiera.

Comenzando por uno de los bordes más largos, dobla cada lado del hojaldre hacia el centro, juntándose en el medio. Luego, dobla la masa nuevamente a lo largo de la línea central, creando un doble pliegue.

Con un cuchillo afilado, corte el hojaldre doblado en rodajas de 1/2 pulgada de grosor. Ahora tendrás palmeras con una hermosa forma de espiral.

Sumerja cada rebanada de palma en azúcar granulada adicional, cubriendo ambos lados cortados.

Coloque las palmeras rebozadas en azúcar en la bandeja para hornear preparada, dejando espacio entre cada una.

Hornee en el horno precalentado según las instrucciones del paquete o hasta que las palmeras estén doradas e infladas.

Deje que las palmeras se enfríen en la bandeja para hornear durante unos minutos antes de transferirlas a una rejilla para que se enfríen por completo.

Una vez enfriados, estos Palmiers de dos ingredientes están listos para disfrutar. Son un delicioso dulce con una taza de café o té.

Galletas de basura de Papá Noel

Ingredientes:
- 1 taza de mantequilla sin sal, ablandada
- 1 taza de azúcar granulada
- 1 taza de azúcar morena envasada
- 2 huevos grandes
- 1 cucharadita de extracto de vainilla
- 3 tazas de harina para todo uso
- 1 cucharadita de polvo para hornear
- 1/2 cucharadita de bicarbonato de sodio
- 1/2 cucharadita de sal
- 1 taza de chispas de chocolate
- 1 taza de trozos de pretzel
- 1/2 taza de papas fritas trituradas
- 1/2 taza de pretzels triturados
- 1/2 taza de coco rallado (opcional)
- 1/2 taza de nueces picadas (nueces o pecanas)
- 1/2 taza de chispas festivas

Instrucciones:

Precalienta tu horno a 350°F (175°C). Forre las bandejas para hornear con papel pergamino.

En un tazón grande, mezcle la mantequilla ablandada, el azúcar granulada y el azúcar moreno hasta que esté suave y esponjoso.

Batir los huevos, uno a la vez, y luego agregar el extracto de vainilla. Mezclar hasta que esté bien combinado.

En un recipiente aparte, mezcle la harina, el polvo para hornear, el bicarbonato de sodio y la sal. Agregue gradualmente los ingredientes secos a los ingredientes húmedos, mezclando hasta que estén combinados. No haga sobre mezcla.

Agregue las chispas de chocolate, los trozos de pretzel, las papas fritas trituradas, los pretzels triturados, el coco rallado (si se usa), las nueces picadas y las chispas festivas. Las mezclas deben distribuirse uniformemente por toda la masa para galletas.

Use una cuchara para galletas o una cuchara para dejar caer cucharadas redondeadas de masa sobre las bandejas para hornear preparadas, dejando espacio entre cada galleta.

Hornea en el horno precalentado durante 10-12 minutos o hasta que los bordes estén dorados. Los centros deben permanecer blandos.

Deje que las galletas se enfríen en las bandejas para hornear durante unos minutos antes de transferirlas a una rejilla para que se enfríen por completo.

Una vez enfriadas, estas galletas de basura de Papá Noel están listas para disfrutar. Son una deliciosa mezcla de dulce, salado y crujiente, lo que los convierte en una delicia festiva y divertida.

Galletas de árbol de Navidad

Ingredientes:
Para las galletas:
1 taza de mantequilla sin sal, ablandada
1 taza de azúcar granulada
2 huevos grandes
1 cucharadita de extracto de vainilla
3 tazas de harina para todo uso
1/2 cucharadita de polvo para hornear
1/4 cucharadita de sal Para decoración:
Colorante alimentario verde Glaseado o glaseado de colores variados
Chispas, perlas comestibles u otras decoraciones

Instrucciones:

Precalienta tu horno a 350°F (175°C). Forre las bandejas para hornear con papel pergamino.

En un tazón grande, mezcle la mantequilla ablandada y el azúcar granulada hasta que esté suave y esponjosa.

Batir los huevos, uno a la vez, y luego agregar el extracto de vainilla. Mezclar hasta que esté bien combinado.

En un recipiente aparte, mezcle la harina, el polvo para hornear y la sal.

Agregue gradualmente los ingredientes secos a los ingredientes húmedos, mezclando hasta que estén combinados. No haga sobre mezcla.

Divide la masa para galletas en dos porciones. Agregue colorante alimentario verde a una porción, amasándolo hasta que el color se distribuya uniformemente y se logre el tono de verde deseado.

Envuelva cada porción de masa en film transparente y refrigere durante al menos 30 minutos para reafirmar la masa.

Sobre una superficie enharinada, extienda cada porción de masa hasta que tenga un grosor de aproximadamente 1/4 de pulgada.

Utilice cortadores de galletas con forma de árbol de Navidad para recortar formas de árboles de la masa verde. Si tiene varios tamaños de cortadores de galletas, puede crear una variedad de tamaños de árboles.

Si tiene diferentes tamaños, puede colocar árboles más pequeños encima de los más grandes para crear una pila de árboles. Presione las capas suavemente para adherirlas.

Coloque las galletas del árbol de Navidad en las bandejas para hornear preparadas y hornee en el horno precalentado durante 8 a 10 minutos o hasta que los bordes estén ligeramente dorados. El tiempo de horneado puede variar según el tamaño de las galletas.

Deje que las galletas se enfríen en las bandejas para hornear durante unos minutos antes de transferirlas a una rejilla para que se enfríen por completo.

Una vez que las galletas se hayan enfriado, use glaseado o glaseado de colores para decorar los árboles. Agregue chispas, perlas comestibles u otras decoraciones para crear adornos y guirnaldas.

Tus galletas festivas del árbol de Navidad ya están listas para disfrutar. Compártelos con familiares y amigos o úsalos como adornos comestibles para tus celebraciones navideñas.

Estas galletas de árbol de Navidad no solo son deliciosas sino que también son un placer decorarlas. ¡Sé creativo con tus diseños y diviértete haciendo un bosque de árboles de Navidad comestibles!

Galletas Panettone

Ingredientes:
1 taza de mantequilla sin sal, ablandada
1 taza de azúcar granulada
4 huevos grandes
1 cucharadita de extracto de vainilla
4 tazas de harina para todo uso
1 cucharada de polvo para hornear
1/2 cucharadita de sal
1/2 taza de leche
1 taza de frutas confitadas mixtas
(cáscaras de cítricos, cerezas, etc.)
1/2 taza de pasas Ralladura de 1 naranja
Ralladura de 1 limón
1 taza de nueces picadas (como almendras o avellanas)

Instrucciones:
Precalienta tu horno a 350°F (175°C). Forre las bandejas para hornear con papel pergamino.
En un tazón grande, mezcle la mantequilla ablandada y el azúcar granulada hasta que esté suave y esponjosa.
Batir los huevos, uno a la vez, y luego agregar el extracto de vainilla. Mezcle hasta que esté bien combinado. En un recipiente aparte, mezcle la harina, el polvo para hornear y la sal.
Agrega poco a poco los ingredientes secos a los ingredientes húmedos, alternando con la leche. Comienza y termina con los ingredientes secos. Mezcle hasta que esté combinado.
Incorpora suavemente las frutas confitadas, las pasas, la ralladura de naranja, la ralladura de limón y las nueces picadas hasta que se distribuyan uniformemente en la masa para galletas.
Con una cuchara o cuchara para galletas, deje caer cucharadas redondeadas de masa en las bandejas para hornear preparadas, dejando espacio entre cada galleta.
Hornea en el horno precalentado durante 10-12 minutos o hasta que los bordes estén ligeramente dorados. Los centros deben permanecer blandos.
Deje que las galletas se enfríen en las bandejas para hornear durante unos minutos antes de transferirlas a una rejilla para que se enfríen por completo. Una vez enfriadas, puede espolvorear las galletas Panettone con azúcar en polvo para darle un toque festivo.
Tus Galletas Panettone ya están listas para disfrutar. Son una deliciosa adición a su surtido de galletas navideñas. Estas galletas Panettone son una manera deliciosa de llevar los sabores del tradicional pan navideño italiano a tu mesa navideña. La combinación de frutas confitadas, ralladura de cítricos y nueces crea una delicia festiva y sabrosa que es perfecta para compartir con familiares y amigos.

Merengues de menta

Ingredientes:
3 claras de huevo grandes, a temperatura ambiente
1/4 cucharadita de crémor tártaro
Una pizca de sal
3/4 taza de azúcar granulada
1/2 cucharadita de extracto de menta
Colorante rojo (opcional) Caramelos de menta triturados para decorar (opcional)

Instrucciones:

Precalienta tu horno a 200°F (95°C). Forre las bandejas para hornear con papel pergamino.

Asegúrese de que el tazón y los batidores estén limpios y libres de grasa, ya que esto puede afectar la estabilidad del merengue.

En un tazón grande, limpio y seco, bata las claras con una batidora eléctrica a velocidad media hasta que estén espumosas. Añadimos el crémor tártaro y una pizca de sal.

Aumente la velocidad a alta y agregue gradualmente el azúcar granulada, una cucharada a la vez. Continúe batiendo hasta que se formen picos rígidos y brillantes. Esto puede tardar entre 5 y 7 minutos.

Incorpora suavemente el extracto de menta, teniendo cuidado de no desinflar el merengue.

Si quieres un toque festivo, agrega unas gotas de colorante rojo y dóblalo suavemente en el merengue para crear un efecto de remolino.

Transfiera la mezcla de merengue a una manga pastelera equipada con una punta de estrella, o simplemente coloque pequeños montículos en las bandejas para hornear preparadas.

Hornee en el horno precalentado durante aproximadamente 1,5 a 2 horas o hasta que los merengues estén crujientes y se despeguen fácilmente del papel pergamino. El tiempo de horneado puede variar dependiendo del tamaño de tus merengues.

Deje que los merengues se enfríen completamente en las bandejas para hornear.

Si lo desea, espolvoree caramelos de menta triturados sobre los merengues para obtener una cobertura festiva y crujiente.

Una vez enfriados y decorados, sus merengues de menta estarán listos para disfrutar. Guárdalos en un recipiente hermético para mantener su frescura.

Galletas De Molinillo De Navidad

Ingredientes:
Para la masa de vainilla:
1 taza de mantequilla sin sal, ablandada
1 taza de azúcar granulada
1 huevo grande
1 cucharadita de extracto de vainilla
2 1/2 tazas de harina para todo uso
1/2 cucharadita de polvo para hornear
1/4 cucharadita de sal Para la masa de menta:
1 taza de mantequilla sin sal, ablandada
1 taza de azúcar granulada
1 huevo grande
1 cucharadita de extracto de menta
2 1/2 tazas de harina para todo uso
1/2 cucharadita de polvo para hornear
1/4 cucharadita de sal Colorante alimentario rojo o verde (opcional)

Instrucciones:
En un tazón grande, bata la mantequilla ablandada y el azúcar hasta que esté suave y esponjosa.
Batir el huevo y el extracto de vainilla hasta que estén bien combinados.
En un recipiente aparte, mezcle la harina, el polvo para hornear y la sal.
Agrega poco a poco los ingredientes secos a los ingredientes húmedos, mezclando hasta que se forme una masa suave.
En otro tazón grande, mezcle la mantequilla ablandada y el azúcar para la masa de menta hasta que esté suave y esponjosa.
Batir el huevo y el extracto de menta hasta que estén bien combinados.
En un recipiente aparte, mezcle la harina, el polvo para hornear y la sal.
Agrega poco a poco los ingredientes secos a los ingredientes húmedos, mezclando hasta que se forme una masa suave.
Opcionalmente, agregue colorante alimentario rojo o verde para lograr el color deseado.
Extienda cada masa entre hojas de papel pergamino en rectángulos de tamaños similares.
Coloca con cuidado una capa de masa sobre la otra, creando un sándwich con los dos sabores de masa. Presione ligeramente para adherirlos.
Comenzando desde un borde, enrolle firmemente la masa en capas hasta formar un tronco. Envuélvelo en papel film y refrigéralo durante al menos 1 a 2 horas hasta que esté firme. Precalienta el horno a 350 °F (175 °C). Forre las bandejas para hornear con papel pergamino.
Retire el trozo de masa frío del refrigerador y córtelo en rodajas de aproximadamente 1/4 a 1/2 pulgada de grosor.
Coloque las rebanadas en las bandejas para hornear preparadas, dejando espacio entre cada galleta.
Hornee en el horno precalentado durante 10-12 minutos o hasta que los bordes comiencen a dorarse. Los centros deben permanecer blandos.
Deje que las galletas se enfríen en las bandejas para hornear durante unos minutos antes de transferirlas a una rejilla para que se enfríen por completo. Sus galletas navideñas ya están listas para disfrutar. El remolino de sabores de vainilla y menta los convierte en una delicia festiva y deliciosa.
Estas galletas navideñas con forma de molinete seguramente agregarán un toque de color y sabor a su variedad de galletas navideñas. También son un regalo hermoso y reflexivo durante la temporada festiva.

Galletas De Macarrones

Ingredientes:
2 tazas de harina de almendras
1 1/2 tazas de azúcar en polvo, más extra para enrollar
2 claras de huevo grandes, a temperatura ambiente
1/2 cucharadita de extracto de almendras
1/2 cucharadita de extracto de vainilla Una pizca de sal Azúcar granulada para enrollar (opcional)

Instrucciones:

Precalienta tu horno a 325°F (163°C). Forre las bandejas para hornear con papel pergamino.

Si tu harina de almendras no está muy fina, puedes tamizarla para quitar los trozos más grandes. Quieres una harina de almendras suave y fina para las galletas.

En un tazón grande, combine la harina de almendras y el azúcar en polvo.

En un bol aparte, batir las claras con una pizca de sal hasta que formen picos rígidos.

Incorpora suavemente las claras de huevo batidas a la mezcla de almendras hasta que estén bien combinadas. Tenga cuidado de no desinflar las claras.

Agregue el extracto de almendras y el extracto de vainilla. Mezclar hasta que la masa tenga un sabor uniforme.

Tome pequeñas porciones de masa y forme bolitas de aproximadamente 1 pulgada de diámetro. Si lo desea, enrolle las bolas en azúcar granulada o azúcar en polvo para darle más dulzura y un toque decorativo.

Coloque las galletas con forma en las bandejas para hornear preparadas, dejando algo de espacio entre cada galleta.

Hornee en el horno precalentado durante unos 15-18 minutos o hasta que las galletas estén cuajadas y tengan un ligero tinte dorado en los bordes.

Deje que las galletas se enfríen en las bandejas para hornear durante unos minutos antes de transferirlas a una rejilla para que se enfríen por completo.

Una vez enfriadas, estas Galletas Amaretti están listas para disfrutar. Tienen un interior masticable con sabor a almendra dulce.

Si lo deseas, puedes espolvorear las galletas enfriadas con azúcar en polvo adicional para darle el toque final.

Galletas De Avena, Arándanos Y Chocolate Blanco

Ingredientes:
1 taza de mantequilla sin sal, ablandada
1 taza de azúcar morena, envasada
1/2 taza de azúcar granulada
2 huevos grandes
1 cucharadita de extracto de vainilla
1 1/2 tazas de harina para todo uso
1 cucharadita de bicarbonato de sodio
1/2 cucharadita de canela
1/2 cucharadita de sal
3 tazas de copos de avena a la antigua
1 taza de arándanos secos
1 taza de chispas o trozos de chocolate blanco

Instrucciones:
Precalienta tu horno a 350°F (175°C). Forre las bandejas para hornear con papel pergamino.
En un tazón grande, mezcle la mantequilla ablandada, el azúcar morena y el azúcar granulada hasta que quede una mezcla suave y esponjosa.
Batir los huevos, uno a la vez, y luego agregar el extracto de vainilla. Mezclar hasta que esté bien combinado.
En un recipiente aparte, mezcle la harina, el bicarbonato de sodio, la canela y la sal.
Agregue gradualmente los ingredientes secos a los ingredientes húmedos, mezclando hasta que estén combinados.
Incorpora suavemente los copos de avena, los arándanos secos y las chispas de chocolate blanco hasta que se distribuyan uniformemente por toda la masa para galletas.
Use una cuchara para galletas o una cuchara para dejar caer cucharadas redondeadas de masa sobre las bandejas para hornear preparadas, dejando espacio entre cada galleta.
Hornea en el horno precalentado durante 10-12 minutos o hasta que los bordes estén dorados. Los centros deben permanecer blandos.
Deje que las galletas se enfríen en las bandejas para hornear durante unos minutos antes de transferirlas a una rejilla para que se enfríen por completo.
Una vez enfriadas, estas galletas de avena, arándanos y chocolate blanco están listas para disfrutar. Son perfectos con un vaso de leche o como complemento festivo a su surtido de galletas navideñas.

Galletas crujientes de chocolate y menta

Ingredientes:
1 taza de mantequilla sin sal, ablandada
1 taza de azúcar granulada
1 taza de azúcar morena, envasada
2 huevos grandes
1 cucharadita de extracto de vainilla
2 tazas de harina para todo uso
1 taza de cacao en polvo sin azúcar
1 cucharadita de bicarbonato de sodio
1/2 cucharadita de sal
1 taza de chispas o trozos de chocolate
1 taza de caramelos de menta triturados o bastones de caramelo

Instrucciones:

Precalienta tu horno a 350°F (175°C). Forre las bandejas para hornear con papel pergamino. En un tazón grande, mezcle la mantequilla ablandada, el azúcar granulada y el azúcar moreno hasta que esté suave y esponjoso.

Batir los huevos, uno a la vez, y luego agregar el extracto de vainilla. Mezclar hasta que esté bien combinado.

En un recipiente aparte, mezcle la harina, el cacao en polvo, el bicarbonato de sodio y la sal. Agregue gradualmente los ingredientes secos a los ingredientes húmedos, mezclando hasta que estén combinados.

Incorpora suavemente las chispas o trozos de chocolate y los caramelos de menta triturados hasta que se distribuyan uniformemente por toda la masa para galletas.

Use una cuchara o una cuchara para galletas para dejar caer cucharadas redondeadas de masa sobre las bandejas para hornear preparadas, dejando espacio entre cada galleta. Si lo desea, presione algunas chispas de chocolate adicionales en la parte superior de cada galleta para obtener más chocolate.

Hornee en el horno precalentado durante 10- 12 minutos o hasta que los bordes estén cuajados. Los centros deben permanecer blandos.

Deje que las galletas se enfríen en las bandejas para hornear durante unos minutos antes de transferirlas a una rejilla para que se enfríen por completo. Una vez enfriadas, estas galletas crujientes de chocolate y menta están listas para disfrutar. Son perfectos para la temporada navideña y son un complemento festivo para su surtido de galletas.

Galletas

Ingredientes:
2 tazas de harina para todo uso
1 taza de azúcar granulada
1 cucharadita de polvo para hornear
1/2 cucharadita de sal
3 huevos grandes
1 cucharadita de extracto de vainilla
1 cucharadita de extracto de almendras
1 taza de almendras, picadas o en rodajas

Instrucciones:
Precalienta tu horno a 350°F (175°C). Cubra una bandeja para hornear con papel pergamino.
En un tazón grande, mezcle la harina, el azúcar, el polvo para hornear y la sal.
En un recipiente aparte, bata los huevos, el extracto de vainilla y el extracto de almendras hasta que estén bien combinados.
Agregue gradualmente los ingredientes húmedos a los ingredientes secos, revolviendo hasta que se una la masa. Incorpora las almendras picadas o en rodajas.
Divide la masa por la mitad. Sobre una superficie enharinada, forme un tronco con cada mitad de aproximadamente 12 pulgadas de largo y 2 pulgadas de ancho. Coloque los troncos en la bandeja para hornear preparada, dejando espacio entre ellos.
Hornee en el horno precalentado durante unos 25 minutos o hasta que los troncos estén firmes y apenas comiencen a dorarse.
Deje que los troncos se enfríen durante unos 10 minutos. Con un cuchillo afilado, corte los troncos en diagonal en rodajas de 1/2 pulgada de grosor.
Coloque los biscotti en rodajas nuevamente en la bandeja para hornear y hornee por 10 a 12 minutos más, volteando las rebanadas a la mitad para asegurar un dorado uniforme.
Deje que los biscotti se enfríen completamente sobre una rejilla. Continuarán endureciéndose a medida que se enfríen.
Una vez enfriados, estos biscotti de almendras están listos para disfrutar. Sumérgelos en café o té para disfrutar de una experiencia clásica.
Para darle un toque extra, puedes derretir chocolate y mojar un extremo de los biscotti en él. Deje que el chocolate se asiente antes de servir.

Galleta De Azúcar Morena

Ingredientes:
1 taza de mantequilla sin sal, ablandada
1 taza de azúcar moreno claro, envasada
1 huevo grande
1 cucharadita de extracto de vainilla
2 tazas de harina para todo uso
1/2 cucharadita de polvo para hornear
1/2 cucharadita de bicarbonato de sodio
1/4 cucharadita de sal Azúcar moreno adicional para enrollar (opcional)

Instrucciones:
Precalienta tu horno a 350°F (175°C). Forre las bandejas para hornear con papel pergamino.
En un tazón grande, mezcle la mantequilla ablandada y el azúcar morena hasta que esté suave y esponjosa.
Batir el huevo y el extracto de vainilla hasta que estén bien combinados.
En un recipiente aparte, mezcle la harina, el polvo para hornear, el bicarbonato de sodio y la sal.
Agregue gradualmente los ingredientes secos a los ingredientes húmedos, mezclando hasta que estén combinados.
Para darle un toque extra, puedes formar bolitas con la masa para galletas y luego enrollarlas en azúcar moreno adicional antes de colocarlas en las bandejas para hornear.
Use una cuchara para galletas o una cuchara para dejar caer cucharadas redondeadas de masa sobre las bandejas para hornear preparadas, dejando espacio entre cada galleta.
Hornea en el horno precalentado durante 10-12 minutos o hasta que los bordes estén dorados. Los centros deben permanecer blandos.
Deje que las galletas se enfríen en las bandejas para hornear durante unos minutos antes de transferirlas a una rejilla para que se enfríen por completo. Una vez enfriadas, estas galletas de azúcar moreno están listas para disfrutar. Tienen un maravilloso sabor a caramelo que combina bien con una variedad de ocasiones.
Estas galletas son perfectas para quienes disfrutan de un rico dulzor parecido a la melaza. Son una deliciosa adición a su tarro de galletas y son excelentes para compartir con familiares y amigos. Siéntete libre de personalizarlos agregando nueces, chispas de chocolate u otras mezclas que se adapten a tus preferencias de sabor.

Huellas digitales de atasco

Ingredientes:
1 taza de mantequilla sin sal, ablandada
2/3 taza de azúcar granulada
2 yemas de huevo grandes
1 cucharadita de extracto de vainilla
2 tazas de harina para todo uso
1/2 cucharadita de sal Mermelada o confitura de frutas de tu elección

Instrucciones:

Precalienta tu horno a 350°F (175°C). Forre las bandejas para hornear con papel pergamino.

En un tazón grande, mezcle la mantequilla ablandada y el azúcar granulada hasta que esté suave y esponjosa.

Batir las yemas de huevo y el extracto de vainilla hasta que estén bien combinados.

En un recipiente aparte, mezcle la harina y la sal.

Agregue gradualmente los ingredientes secos a los ingredientes húmedos, mezclando hasta que estén combinados.

Tome pequeñas porciones de masa y forme bolitas de aproximadamente 1 pulgada de diámetro. Coloque las bolas en las bandejas para hornear preparadas, dejando espacio entre cada galleta.

Utilice el pulgar o el dorso de una cuchara pequeña para hacer una hendidura en el centro de cada galleta. Asegúrate de no presionar demasiado para evitar que la masa se rompa.

Vierta una pequeña cantidad de mermelada o conservas de frutas en cada hendidura. Puede utilizar una variedad de sabores para agregar color y sabor.

Hornea en el horno precalentado durante 12-15 minutos o hasta que los bordes estén ligeramente dorados. Se deben fijar los centros.

Deje que las galletas se enfríen en las bandejas para hornear durante unos minutos antes de transferirlas a una rejilla para que se enfríen por completo. Una vez enfriadas, estas galletas Jam Thumbprint están listas para disfrutar. Son perfectos para la hora del té, como postre o como complemento dulce para su bandeja de galletas navideñas.

Estas galletas no sólo son deliciosas sino también versátiles. Puedes utilizar diferentes tipos de mermeladas o conservas para crear una variedad colorida. Las galletas Jam Thumbprint son un clásico atemporal que nunca deja de alegrar cualquier ocasión.

Galletas de mantequilla

Ingredientes:
1 taza de mantequilla sin sal, ablandada
1/2 taza de azúcar granulada
2 tazas de harina para todo uso
1/2 taza de maicena
1/4 cucharadita de sal
Ralladura de 1-2 limones
1-2 cucharadas de jugo de limón fresco Azúcar en polvo para espolvorear (opcional)

Instrucciones:

Precalienta tu horno a 350°F (175°C). Cubra una bandeja para hornear con papel pergamino.
En un tazón grande, mezcle la mantequilla ablandada y el azúcar granulada hasta que esté suave y esponjosa.
Agregue ralladura y jugo de limón:
Agrega la ralladura de limón y el jugo de limón fresco a la mezcla de mantequilla. Ajuste la cantidad de jugo de limón según su preferencia por el sabor de limón.
En un recipiente aparte, mezcle la harina para todo uso, la maicena y la sal.
Agregue los ingredientes secos a los ingredientes húmedos:
Agregue gradualmente los ingredientes secos a la mezcla de mantequilla, mezclando hasta que estén combinados. Tenga cuidado de no mezclar demasiado.
Reúna la masa en una bola y aplánela hasta formar un disco. Envuélvalo en film transparente y refrigérelo durante al menos 30 minutos para reafirmar la masa.
Sobre una superficie enharinada, extienda la masa fría hasta que tenga un grosor de aproximadamente 1/4 de pulgada. Utilice cortadores de galletas para cortar las formas deseadas.
Coloque las galletas recortadas en la bandeja para hornear preparada, dejando espacio entre cada galleta.
Hornea en el horno precalentado durante 12-15 minutos o hasta que los bordes estén ligeramente dorados. Se deben fijar los centros.
Deje que las galletas se enfríen en la bandeja para hornear durante unos minutos antes de transferirlas a una rejilla para que se enfríen por completo.
Una vez enfriadas, puedes espolvorear las galletas de mantequilla con limón con azúcar en polvo para darle un acabado decorativo.
Tus Galletas de Mantequilla de Limón ya están listas para disfrutar. Estas galletas tienen una textura tierna y mantecosa con una explosión de sabor cítrico a limón.
Estas galletas son perfectas para la hora del té, como postre ligero o como un capricho refrescante durante los meses más cálidos. La combinación de galletas de mantequilla mantecosas y limón picante las convierte en una deliciosa adición a cualquier variedad de galletas.

Galletas de mantequilla de pacana

Ingredientes:
- 1 taza de mantequilla sin sal, ablandada
- 1 taza de azúcar granulada
- 1 taza de azúcar morena envasada
- 2 huevos grandes
- 1 cucharadita de extracto de vainilla
- 3 tazas de harina para todo uso
- 1 cucharadita de bicarbonato de sodio
- 1/2 cucharadita de polvo para hornear
- 1/2 cucharadita de sal
- 2 tazas de nueces pecanas picadas
- Nueces picadas adicionales para enrollar (opcional)

Instrucciones:

Precalienta tu horno a 350°F (175°C). Forre las bandejas para hornear con papel pergamino.

En un tazón grande, mezcle la mantequilla ablandada, el azúcar granulada y el azúcar moreno hasta que esté suave y esponjoso.

Batir los huevos, uno a la vez, y luego agregar el extracto de vainilla. Mezclar hasta que esté bien combinado.

En un recipiente aparte, mezcle la harina, el bicarbonato de sodio, el polvo para hornear y la sal.

Agregue gradualmente los ingredientes secos a los ingredientes húmedos, mezclando hasta que estén combinados.

Incorpora suavemente las nueces picadas hasta que se distribuyan uniformemente por toda la masa para galletas.

Para darle un toque extra, puede enrollar la masa para galletas en bolas y luego enrollarlas en nueces picadas adicionales antes de colocarlas en las bandejas para hornear. Use una cuchara o cuchara para galletas para dejar caer cucharadas redondeadas de masa sobre las bandejas para hornear preparadas, dejando espacio entre cada una. Galleta.

Hornea en el horno precalentado durante 10-12 minutos o hasta que los bordes estén dorados. Los centros deben permanecer blandos.

Deje que las galletas se enfríen en las bandejas para hornear durante unos minutos antes de transferirlas a una rejilla para que se enfríen por completo.

Una vez enfriadas, estas galletas de mantequilla y nueces están listas para disfrutar. Tienen un maravilloso sabor a mantequilla y un satisfactorio crujido de las nueces.

Estas galletas son perfectas para cualquier ocasión y la combinación de mantequilla y nueces las hace especialmente reconfortantes. Ya sea que se sirvan con una taza de café o se disfruten como un regalo por la tarde, las galletas de mantequilla y nueces seguramente serán un éxito.

Galletas de alegría de almendras

Ingredientes:
1 taza de mantequilla sin sal, ablandada
1 taza de azúcar granulada
1 taza de azúcar morena envasada
2 huevos grandes
1 cucharadita de extracto de vainilla
2 tazas de harina para todo uso
1 cucharadita de bicarbonato de sodio
1/2 cucharadita de polvo para hornear
1/2 cucharadita de sal
2 tazas de coco rallado endulzado
1 taza de almendras picadas
2 tazas de chispas de chocolate
(chocolate semidulce o con leche)
Rebanadas de almendras para cubrir
(opcional)

Instrucciones:
Precalienta el horno a 350°F (175°C). Forre las bandejas para hornear con papel pergamino.
En un tazón grande, mezcle la mantequilla ablandada, el azúcar granulada y el azúcar moreno hasta que esté suave y esponjoso.
Batir los huevos, uno a la vez, y luego agregar el extracto de vainilla. Mezclar hasta que esté bien combinado.
En un recipiente aparte, mezcle la harina, el bicarbonato de sodio, el polvo para hornear y la sal.
Agregue gradualmente los ingredientes secos a los ingredientes húmedos, mezclando hasta que estén combinados.
Incorpora el coco, las almendras y el chipoconut de chocolate, las almendras picadas y las chispas de chocolate hasta que se distribuyan uniformemente por toda la masa para galletas.
Use una cuchara para galletas o una cuchara para dejar caer cucharadas redondeadas de masa sobre las bandejas para hornear preparadas, dejando espacio entre cada galleta.
Si lo desea, presione algunas rodajas de almendra en la parte superior de cada galleta para darle más sabor a almendra y atractivo visual.
Hornea en el horno precalentado durante 10-12 minutos o hasta que los bordes estén dorados. Los centros deben permanecer blandos.
Deje que las galletas se enfríen en las bandejas para hornear durante unos minutos antes de transferirlas a una rejilla para que se enfríen por completo.
Una vez enfriadas, estas Almond Joy Cookies están listas para disfrutar. Capturan los sabores de la clásica barra de chocolate en una deliciosa forma de galleta.
Estas galletas son un auténtico placer para los amantes del coco y el chocolate. La adición de almendras proporciona un crujido satisfactorio, lo que las hace recordar al querido caramelo Almond Joy. Compártelos con amigos y familiares, o disfrútalos como un regalo especial.

Galletas Italianas De Limón

Ingredientes:
Para las galletas:
2 1/2 tazas de harina para todo uso
1/2 cucharadita de polvo para hornear
1/4 cucharadita de sal
1 taza de mantequilla sin sal, ablandada
1 taza de azúcar granulada
3 huevos grandes
1 cucharadita de extracto de vainilla
Ralladura de 2 limones Para el glaseado:
2 tazas de azúcar en polvo
3-4 cucharadas de jugo de limón fresco Ralladura de 1 limón Chispitas de colores para decorar (opcional)

Instrucciones:
Precalienta tu horno a 350°F (175°C). Forre las bandejas para hornear con papel pergamino.
En un bol, mezcle la harina, el polvo para hornear y la sal.
En un tazón grande aparte, mezcle la mantequilla ablandada y el azúcar granulada hasta que esté suave y esponjosa.
Batir los huevos, uno a la vez, y luego agregar el extracto de vainilla. Mezclar hasta que esté bien combinado.
Agregue la ralladura de limón para obtener una explosión de sabor cítrico. Agregue gradualmente los ingredientes secos a los ingredientes húmedos, mezclando hasta que estén combinados. No haga sobre mezcla.
Deje caer cucharadas redondeadas de masa sobre las bandejas para hornear preparadas, dejando espacio entre cada galleta.
Hornea en el horno precalentado durante 10-12 minutos o hasta que los bordes estén ligeramente dorados. Las galletas deben quedar blandas pero cuajadas.
Deje que las galletas se enfríen en las bandejas para hornear durante unos minutos antes de transferirlas a una rejilla para que se enfríen por completo.
En un tazón, mezcle el azúcar en polvo, el jugo de limón fresco y la ralladura de limón hasta que quede suave.
Una vez que las galletas estén completamente frías, sumerja la parte superior de cada galleta en el glaseado. Deje que escurra el exceso de glaseado.
Si lo desea, decore las galletas glaseadas con chispas de colores mientras el glaseado aún esté húmedo.
Deje que el glaseado se asiente por completo antes de guardar las galletas.
Tus galletas italianas de limón ya están listas para disfrutar. Son perfectos con una taza de té o como postre refrescante.
Estas galletas italianas de limón son un complemento delicioso para cualquier ocasión y su brillante sabor a limón las hace especialmente refrescantes. Ya sea que se sirvan en bodas, fiestas o como un dulce en casa, estas galletas seguramente serán un éxito.

Galletas De Melaza

Ingredientes:
3/4 taza de mantequilla sin sal, ablandada
1 taza de azúcar granulada
1/4 taza de melaza
1 huevo grande
2 tazas de harina para todo uso
2 cucharaditas de bicarbonato de sodio
1/2 cucharadita de sal
1 cucharadita de canela molida
1 cucharadita de jengibre molido
1/2 cucharadita de clavo molido
Azúcar granulada para enrollar

Instrucciones:
Precalienta tu horno a 350°F (175°C). Forre las bandejas para hornear con papel pergamino.
En un tazón grande, mezcle la mantequilla ablandada y el azúcar granulada hasta que esté suave y esponjosa.
Agrega la melaza y el huevo a la mezcla de mantequilla. Mezclar hasta que esté bien combinado.
En un recipiente aparte, mezcle la harina, el bicarbonato de sodio, la sal, la canela, el jengibre y los clavos.
Agregue gradualmente los ingredientes secos a los ingredientes húmedos, mezclando hasta que estén combinados.
Cubre la masa y refrigera durante al menos 1 hora o hasta que esté lo suficientemente firme como para manipularla.
Una vez fría, use sus manos para formar bolas con la masa, cada una de aproximadamente 1 pulgada de diámetro. Enrolle cada bola en azúcar granulada para cubrirla uniformemente.
Coloque las bolas de masa recubiertas de azúcar en las bandejas para hornear preparadas, dejando espacio entre cada galleta.
Utilice el fondo de un vaso para aplanar suavemente cada galleta.
Hornee en el horno precalentado durante 10-12 minutos o hasta que los bordes estén firmes. Los centros deben quedar ligeramente blandos.
Deje que las galletas se enfríen en las bandejas para hornear durante unos minutos antes de transferirlas a una rejilla para que se enfríen por completo.
Una vez enfriadas, estas galletas de melaza están listas para disfrutar. Tienen una maravillosa combinación de especias cálidas y el rico sabor de la melaza.

www.ingramcontent.com/pod-product-compliance
Lightning Source LLC
Chambersburg PA
CBHW081237080526
44587CB00022B/3969